10살에 시작하는
오일러의
대수학 원론
1

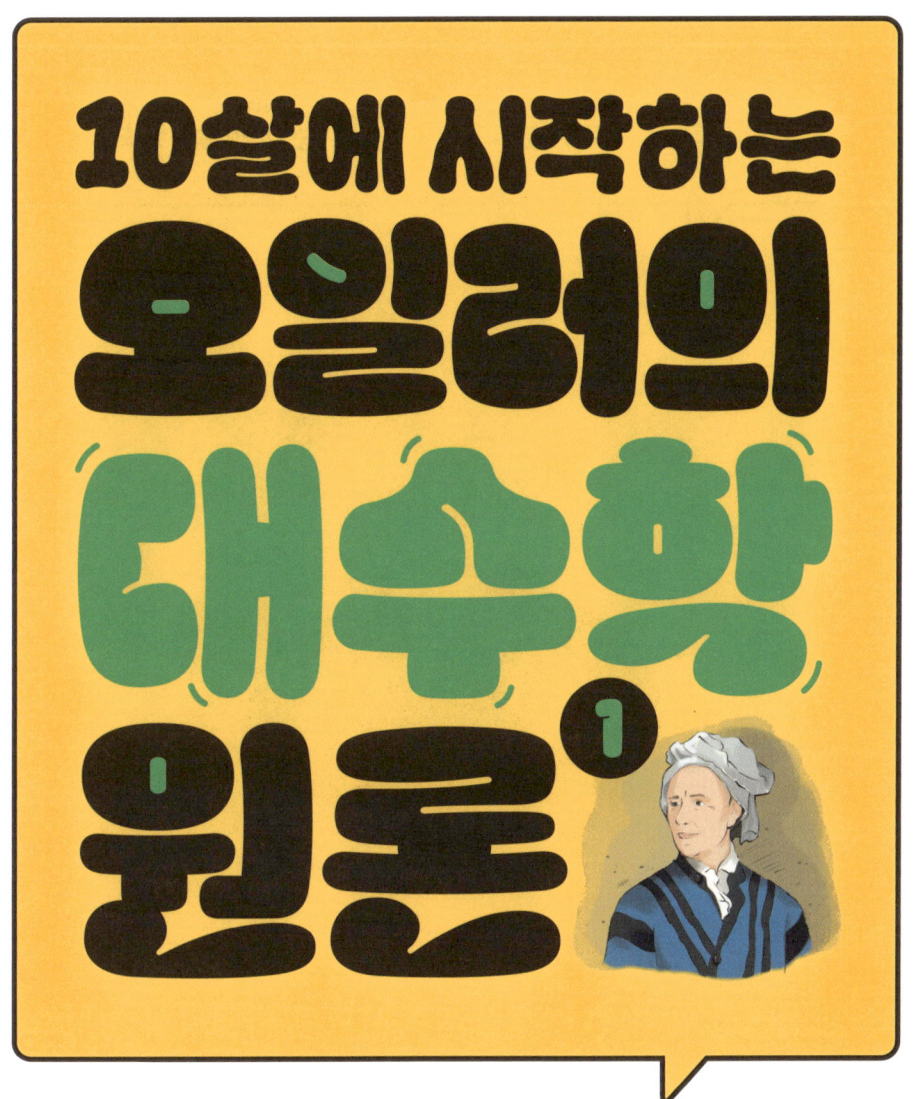

10살에 시작하는 오일러의 대수학 원론 ①

정완상 지음

자음과모음

레온하르트 오일러는 누구일까?

레온하르트 오일러(Leonhard Euler, 1707~1783)는 1707년 스위스 바젤에서 태어났다. 개신교 목사였던 아버지의 영향으로 그는 어릴 때부터 독실한 기독교 신자였다.

오일러는 어릴 때부터 수학을 잘했다. 그래서 그 시대 최고의 수학자인 요한 베르누이로부터 수학적 재능을 인정받아 13세에 바젤 대학에 입학했다. 그는 신학과 수학 사이에서 고민하다가 결국 수학을 전공하기로 결심했다. 그리고 17세에 데카르트와 뉴턴의 과학 이론을 비교한 연구로 박사 학위를 받았다.

20세가 되던 해인 1727년에 오일러는 러시아의 페테르부르크 아카데미(현재 러시아 과학 아카데미)로 건너갔다. 이곳에는 요한 베르누이의 아들 다니엘 베르누이가 수학과 교수로 재직하고 있었다.

오일러는 다니엘 베르누이와 수학에 대한 많은 이야기를 나눌 수 있었다.

1733년에 다니엘 베르누이가 러시아를 떠나면서 오일러는 26세의 나이로 페테르부르크 아카데미의 수학과장이 되었다.

이듬해에 러시아에서 활동하던 스위스 출신 화가 게오르크 그셀의 딸 카타리나와 결혼했고, 이후 러시아에서 오랫동안 수학 연구를 했다. 하지만 안타깝게도 28세에 오른쪽 시력을 잃었다.

1741년에 오일러는 프리드리히 대왕의 초청을 받아 베를린의 프로이센 과학 아카데미로 자리를 옮겼으나 베를린에서의 생활은 재미없었다. 동료들은 한쪽 눈을 잃은 오일러를 놀려

대고는 했다.

결국 베를린에서의 생활을 접고, 러시아로 와 달라는 예카테리나 2세의 요청을 수락해 1766년에 다시 러시아로 되돌아갔다. 오일러는 하루 20시간 이상을 연구에 매달렸다. 그러다가 결국 왼쪽 눈마저 실명했다.

1766년부터 세상을 떠날 때까지 오일러는 약 17년을 시각 장애인으로 살았다. 하지만 이후에도 그는 연구를 멈추지 않았다.

시각 장애인이 된 후 오일러는 종이에 계산해야 하는 것을 모두 암산으로 해결했다. 태양, 달, 지구의 위치를 정확하게 계산하는 법을 연구하기도 했다. 이것은 뉴턴의 만유인력으로 상호 작용하는 세 개의 물체의 위치를 알아내는 방법으로 삼체문제라고 부른다.

삼체문제는 완벽하게 풀 수 없는 문제다. 하지만 오일러는 세 물체의 위치를 정확하게 계산하는 대신 근삿값을 구할 수 있는 방법을 찾아냈다.

이 계산은 영국 해군의 거리 계산에 사용되었고, 해군은 오일러에게 상금을 주었다.

　1783년 9월 18일, 오일러는 가족과 점심을 먹은 후 동료 안데르스 요한 렉셀과 함께 새로 발견한 행성인 천왕성의 궤도를 연구하다가 갑작스러운 뇌출혈로 사망했다.

　수학자다운 마지막이었다.

10살부터 오일러의 『대수학 원론』을 읽을 수 있다고?

『대수학 원론(Elements of Algebra)』은 1765년 수학의 왕자라고 불리는 오일러가 58세에 쓴 세계 최초의 수학 교과서이다.

이 책의 독일어 제목은 『*Vollständige Anleitung zur Algebra*』, 해석하면 '대수학에 대한 완전한 지침'이다.

오일러는 수학에 관심 있는 다양한, 전 연령층의 독자를 위해 이 책을 집필했다.

『대수학 원론』은 오일러가 새로 연구한 수학 이론보다 그동안 많은 수학자가 연구한 내용을 오일러만의 방식으로 강의하는 내용이다. 이 강의에서 오일러의 천재적인 능력을 엿볼 수 있다.

『대수학 원론』은 수량을 표현하기 위해 수가 필요하다는 점에서 시작해, 다양한 산술 연산, 지수와 로그, 다항식, 수열과 방정식의 이야기를 다룬다. 이 책은 혼자 공부할 수 있을 정도로 친절하게 쓰여 유럽의 많은 학교에서 수학 교과서로 사용되었다.

이 책은 오일러의 다른 저서에 비해 상당히 쉽다. 수학을 대중화하기 위해서 쓴 책이기 때문이다. 즉,『대수학 원론』은 오일러의 재능 기부이자 10살부터 읽을 수 있는 꼭 알아야 할 최초의 수학 교과서이다.

『대수학 원론』라틴어 원본 책은 현재 구입할 수 없고 유럽이나 미국의 세계적인 대학에만 비치되어 있는 것으로 알고 있다. 그래서 이 책에는 영문판 원문으로 설명했다.

'대수학'은 영어로 'algebra(앨지브러)'라고 하며, 수와 식을 계산하고 정리하며 성질을 조사하는 수학의 한 종류이다.

『대수학 원론』은 책의 제목에 걸맞게 대수학의 모든 내용을 친절하게 다루고 있다. 아마도 오일러는 이 책을 쓰기 위해 다른 수학자의 수많은 저서와 논문을 읽었을 것이다.

저자의 말

초등 어린이의 눈높이에 맞춘 『대수학 원론』

『대수학 원론』을 현대의 초등 수학 교양 도서로 만들기 위해 고민했다. 이렇게 훌륭한 수학 고전을 초등 저학년 학생들이 읽게 좀 더 쉽고 재미있게 만들자는 결론을 내렸다.

그렇게 오일러의 『대수학 원론』은 『10살에 시작하는 오일러의 대수학 원론』으로 탄생했다.

오일러의 『대수학 원론』은 원래 청소년에게 익숙한 문자로 기술되어 있다. 그래서 초등학생에게 친숙한 수로 바꾸느라 긴 시간이 걸렸다. 하지만 이 책을 읽고 새로운 공부에 즐거워

할 초등학생 독자들을 떠올리면 힘이 솟구쳐 단숨에 글을 써 내려갈 수 있었다.

『10살에 시작하는 오일러의 대수학 원론』 1권에서는 덧셈, 뺄셈, 곱셈, 나눗셈에 관한 오일러의 강의를 담았다.

간단한 수학 원리지만 셈 속에서 규칙을 찾는 습관 들이기는 매우 중요하다.

또한 이 책에서는 문제만 푸는 것이 아니라 스스로 문장 문제를 만들 수 있는 방법을 제시했다.

나아가 차이가 일정한 자연수의 나열인 수열에 대한 이야기를 담았다. 초등 저학년도 재미있게 읽을 수 있게 가우스와 피타고라스의 전기를 간략하게 기술했다. 피타고라스가 만든 흥미로운 도형수에 대한 내용도 추가했다.

초등학생 독자를 위해 지금의 아라비아 숫자가 어떤 역사를 통해 탄생했는지에 대한 이야기도 들려주었다.

우리나라 대다수의 수학 교과서는 문제 풀이를 위주로 구성되어 있다. 그에 비해 『10살에 시작하는 오일러의 대수학 원론』은 개념과 논리에 더 치중한다. 어린이 독자들의 이해를 돕기 위해 원작에 없는 다른 수학자들의 발견에 관한 역사도 곁들였다.

그렇기에 신선한 방식의 수학 공부를 원하는 초등 어린이들에게 이 책이 새로운 수학을 창조하는 수학자가 될 밑거름 역할을 할 것이라고 확신한다.

이 책은 선생님과 학생의 대화로 이루어져 있다. 여기에서 선생님은 오일러다.

모든 수학 용어는 우리나라의 교과서에 나온 용어로 다시 썼다. 따라서 이 책에서 선생님은 오일러이자 저자 정완상이라고 여겨 주면 마땅할 듯하다.

이 책을 통해 우리나라에서도 '수학의 노벨상'인 필즈상을 받는 수많은 수학자가 탄생하기를 바란다.

진주에서 정완상

차례

레온하르트 오일러는 누구일까? 4

10살부터 오일러의 『대수학 원론』을 읽을 수 있다고? 8

저자의 말—초등 어린이의 눈높이에 맞춘 『대수학 원론』 11

오일러의 대수학 원론 1. 숫자의 역사

수와 숫자, 무엇이 다를까 18

숫자가 없던 시절 23

최초의 숫자, 이집트 숫자 28

고대 바빌로니아의 숫자 33

인도 아라비아 숫자 39

🔍 더 들여다보기 | 고대 마야 숫자 43

오일러의 대수학 원론 2. 사칙연산

+와 −의 탄생 50

덧셈과 뺄셈의 법칙 55

곱셈의 법칙	69
나눗셈의 역사	77
0의 발견	79
🔍 더 들여다보기 ǀ 수를 0으로 나눌 수 있을까?	93

오일러의 대수학 원론 3. 수열과 도형수

수열의 정의	98
수열의 규칙	105
도형수를 발견한 피타고라스	112
도형수의 종류	118
🔍 더 들여다보기 ǀ 수학 영재 가우스	132

· 숫자의 역사 ·

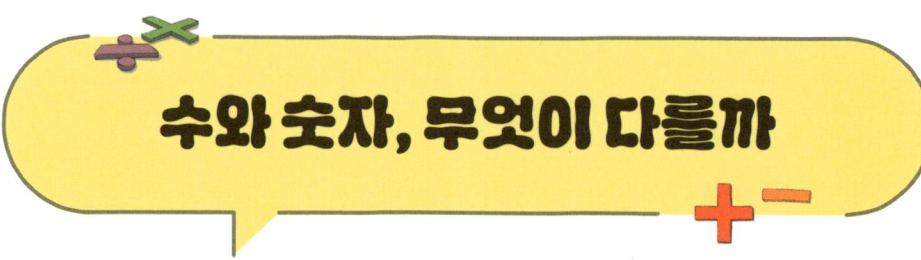

수와 숫자, 무엇이 다를까

선생님 이제 우리는 오일러의 위대한 수학책 『대수학 원론』에 대해 공부할 거야.

학생 우아! 재밌을 것 같아요.

선생님 그렇지? 오일러의 『대수학 원론』에는 수와 연산에 대한 재미있는 내용이 많이 들어 있어. 우선 수와 친해지기 위해 수가 어떻게 탄생했는지 살펴볼까?

학생 네, 좋아요!

선생님 오일러의 『대수학 원론』 원문을 보면 말이야. A sum of money therefore is a(어 섬 오브 머니 데어퍼 이즈 어)…….

학생 네? 선생님, 너무 어려워요.

선생님 하하하, 설명해 줄게.

> A sum of money therefore is a quantity, since we may increase it or diminish it. It is the same with a weight, and other things of this nature.
> From this definition it is evident, that the different kinds of magnitude must be so various as to render it difficult to enumerate them : and this is the origin of the different branches of Mathematics, ……

선생님 이 부분을 해석해 보면 말이지. '증가하거나 감소할 수 있는 것을 '양'이라고 부른다. 가지고 있는 돈은 늘어날 수도 있고 줄어들 수도 있으므로 양이다.

수학은 이러한 양을 측정하는 과학이다. 양은 단위를 가지며 수에 의해 표현된다.

그러므로 여러 가지 방법을 통해 수의 계산을 정확하게 할 수 있어야 한다. 이렇게 수의 계산을 하는 수학의 한 분야를 '대수학(Algebra)'이라고 한다.

대수학에서 어떤 양은 하나의 수에 대응되므로 양을 다루기 위해서는 대수학의 기본 원리들을 알아야만 한다.'

고 설명하고 있어.

여기서 짚고 넘어가자. 수와 숫자의 차이는 뭘까?

학생 수와 숫자의 차이요? 둘 다 같은 것 아닌가요?

선생님 아니. 수와 숫자는 분명히 달라. 수와 숫자의 차이는 알파벳과 단어의 차이와 같아. 예를 들어 볼게. 알파벳 B는 어떤 의미일까?

학생 B의 의미라……. 저는 잘 모르겠어요. 특별한 의미가 있나요?

선생님 알파벳 B는 별다른 의미를 지니고 있지 않아.

하지만 BOY처럼 세 개의 알파벳을 일렬로 나열하면 '소년'이라는 뜻을 가진 영어 단어가 되지.

숫자와 수의 관계도 마찬가지야. 우리가 현재 사용하는 수는 다음과 같은 10개의 숫자에 의해 표현된단다.

> 0, 1, 2, 3, 4, 5, 6, 7, 8, 9

물론 이들 각각은 일의 자릿수가 돼. 그리고 숫자 두 개를 나란히 써서 37이라고 쓰면 이것은 '삼십칠'이라고 읽고 두 자릿수가 돼.

자, 그럼 여기서 퀴즈!

숫자를 여러 개 나열하면 항상 수가 될까?

학생 흠……. 네, 그럴 것 같아요!

선생님 과연 그럴까? 전화번호 1588-3468을 봐.

여기에서 1588이나 3468은 수가 아니라 단순히 4개의 숫자 나열일 뿐이야.

자동차 번호판이나 통장의 계좌 번호도 수가 아니라 숫자의 나열이야.

학생 앗, 그러네요! 숫자를 여러 개 늘어놓는다고 해서 항상 수가 되는 건 아니군요.

선생님 하지만 이런 경우를 제외하면, 우리는 10개의 숫자로 여러 자릿수의 수를 나타낼 수 있어.

이 10개의 숫자를 바로 인도 아라비아 숫자라고 불러.

학생 숫자에도 이름이 있군요! 꼭 기억해 둘게요.

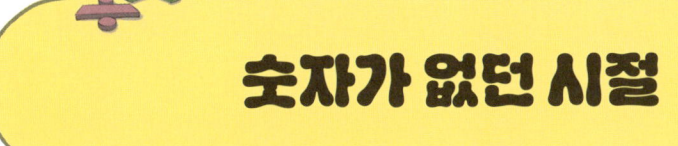

학생 선생님, 그럼 우리는 처음부터 인도 아라비아 숫자를 쓴 건가요?

선생님 아니, 아주 오랜 옛날에는 숫자가 아예 없었어. 하지만 수의 개념은 필요했지.

학생 숫자가 없는데, 수의 개념이 왜 필요했던 거예요?

선생님 문자가 없을 때도 사람들이 말을 했듯이, 숫자가 없을 때도 수는 존재했기 때문이야.

자기 부족의 인구가 얼마인지, 키우고 있는 양의 수가

줄어들지는 않았는지 알아보려면 수의 개념이 필요했겠지?

학생   그럼 숫자가 없던 시절의 사람들은 어떻게 수를 표시했나요?

선생님   그때의 사람들은 나무나 동물의 뼈에 눈금을 새기거나 끈에 매듭을 묶어서 수를 나타냈어.

학생   정말요?

선생님   그럼! 1950년 벨기에의 브로크가 발견한 '이상고 뼈'가 그 증거란다.

브로크는 아프리카 콩고의 '이상고'에서 2만 년 전에 눈금이 새겨진 동물의 뼈를 발견했어.

이 뼈에는 수많은 눈금이 새겨져 있었어.

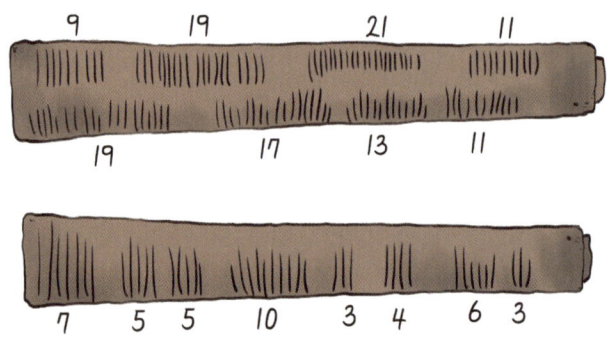

학생 눈금이 많을수록 큰 수를 나타내는 건가요?

선생님 맞아.

학생 그럼 아주 큰 수를 나타내려면 눈금의 개수가 엄청 많아지겠어요.

선생님 물론이야. 그래서 사람들은 수를 조금 더 간단하게 나타내는 방법을 찾았어.

그중 호주의 고대 부족은 오코사와 우라펀이라는 두 단어를 이용해 수를 세었어.

이들은 1을 나타내는 우라펀과 2를 나타내는 오코사를 사용하여 모든 수를 나타냈지.

> 1 우라펀
> 2 오코사
> 3 오코사 우라펀
> 4 오코사 오코사
> 5 오코사 오코사 우라펀
> 6 오코사 오코사 오코사

학생 오코사로 끝나면 짝수가 되고 우라펀으로 끝나면 홀수가 되네요.

선생님 오, 좋은 발견이야! 또 어떤 고대인들은 자기 몸으로 수를 나타내기도 했어.

예를 들어 오른손 새끼손가락부터 엄지손가락까지는 차례로 1부터 5까지의 수를 나타내.

6은 오른쪽 손목, 7은 오른쪽 팔꿈치, 8은 오른쪽 어깨, 9는 오른쪽 귀, 10은 오른쪽 눈이야.

11은 코, 12는 입, 13은 왼쪽 눈, 14는 왼쪽 귀, 15는 왼쪽 어깨, 16은 왼쪽 팔꿈치, 17은 왼쪽 손목!

18부터 22는 왼손 엄지손가락부터 새끼손가락으로 나타내는 방식이지.

학생 오, 암호 같아요!

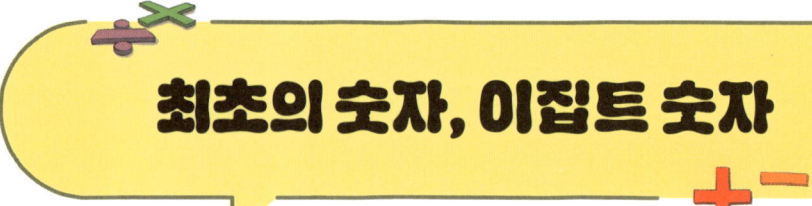
최초의 숫자, 이집트 숫자

학생 숫자로 수를 표현하는 게 훨씬 편한 것 같아요. 숫자를 처음 만든 사람은 누구죠?

선생님 최초로 숫자를 만든 사람들은 고대 이집트 사람들이야. 고대 이집트 문명은 나일강 하류에서 번성한 문명이야. 최고의 전성기인 기원전 15세기에는 나일강 삼각주에서 지금의 수단인 게벨 바르칼(Jebel Barkal)까지 세력을 뻗쳤지.

이집트 문명은 기원전 3200년부터 기원전 332년까지

고대 이집트 문명 지도

3,000년 가까이 존재했어. 하지만 알렉산더 대왕에게 점령당하면서 그 막을 내리게 됐지.

학생 고대 이집트 사람들이 만든 숫자는 뭐죠?

선생님 고대 이집트 사람들은 1, 10, 100, 1,000, 10,000, 100,000, 1,000,000 등을 나타내는 기호를 만들어 큰 수를 나타냈어.

1을 나타내는 기호는 수직 막대기 한 개야. 따라서 1부터 9까지의 수는 다음과 같지.

```
1 = |              5 = |||||
2 = ||             6 = ||||||
3 = |||            7 = |||||||
4 = ||||           8 = ||||||||
                   9 = |||||||||
```

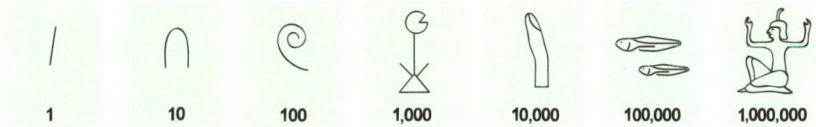

학생 1은 알겠는데, 10은 왜 저런 모양이에요?

선생님 10은 뒤꿈치 뼈를 본뜬 기호야. 20은 10이 2개 모인 것이므로 ∩∩가 되고, 93은 ∩∩∩∩∩∩∩∩∩||| 등과 같이 나타냈어.

또 100은 두루마리 모양이고 1,000은 강에 떠 있는 연꽃의 수가 그 정도 된다는 의미에서 연꽃 모양으로 나타냈어.

학생 하긴 저번에 견학 갔을 때 보니까 연못에 연꽃이 무척 많이 떠 있더라고요. 그럼 다른 기호는요?

선생님 10,000을 나타내는 기호는 손가락으로 무언가를 지적하는 모양인데 수가 너무 많아 신기해하는 모습을 나타내는 거야.

100,000을 나타내는 기호는 올챙이로 강에서 사는 올챙이의 수가 그 정도라는 의미지.

마지막으로 1,000,000을 나타내는 기호는 손을 번쩍 든 사람인데 너무나 큰 수이기 때문에 깜짝 놀랄 정도라는 의미를 담고 있어.

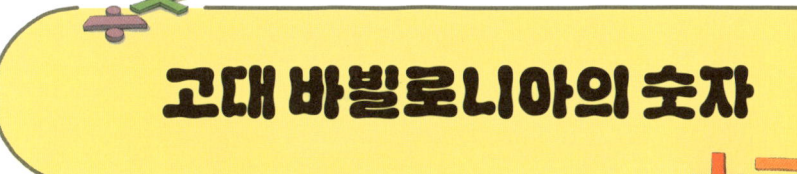

고대 바빌로니아의 숫자

선생님 세계의 4대 문명은 모두 큰 강 유역에서 발생했어. 나일강 주위에서는 이집트 문명이, 유프라테스강과 티그리스강 주위에서는 메소포타미아 문명이 발생했지. 갠지스강 주위에서는 인도 문명이 그리고 중국의 황허강 주위에서는 황허 문명이 발생했어.

이 중 메소포타미아 문명은 흔히 바빌로니아 문명이라고 부르기도 해.

학생 바빌로니아 사람들도 새로운 숫자를 사용했나요?

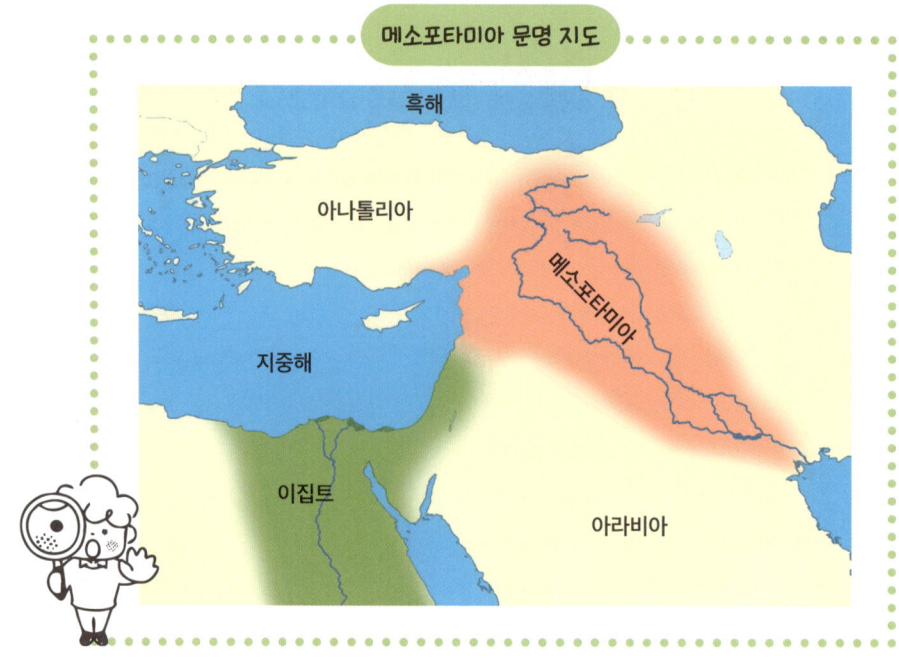

메소포타미아 문명 지도

선생님 물론이지. 고대 이집트의 숫자와 더불어 고대 바빌로니아의 숫자도 아주 유명해. 바빌로니아 사람들의 수 체계는 아주 신기해. 우리는 10이 되면 한 자릿수가 올라가잖아?

학생 맞아요. 4＋6＝10이 되지요.

선생님 하지만 바빌로니아 사람들은 60이 되면 한 자릿수가 올라가는 아주 신기한 수 체계를 사용했어. 그들은 바늘로 점토에 숫자를 새겨서 수를 나타냈지.

바빌로니아 사람들은 1을 나타내는 기호를 𒐕라고 썼어. 그러니까 바빌로니아의 숫자를 이용하면 다음과 같아.

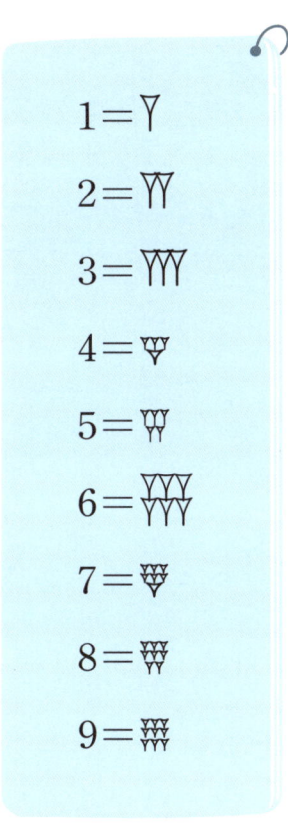

학생   10은 어떻게 나타내죠?

선생님   10은 ⟨라고 썼어. 그러니까 13은 ⟨𒐗로 나타내면 되고, 27은 ⟨⟨𒐞로 썼지.

학생   와! 그럼 75는 ⟨⟨⟨⟨⟨⟨⟨𒐙라고 쓰면 되나요?

선생님   좋은 생각이지만, 60이 넘는 수는 표기법이 조금 다르단다. 바빌로니아 사람들은 1을 나타내는 기호로 60을 나타냈거든.

학생   하지만 60으로 어떻게 75를 나타내죠?

선생님   간단해. 75에서 60을 빼고 생각하면 되지. 75는 60 더하기 15니까 60 한 개와 15를 더한 수야.
즉, 75를 바빌로니아 숫자로 나타내면 𒐕𒌋𒐙가 돼.

학생 좀 어렵긴 하지만, 훨씬 간단하네요!

선생님 그럼 조금 더 큰 수인 1,003을 볼까? 1,003을 60으로 나누면 다음과 같아.

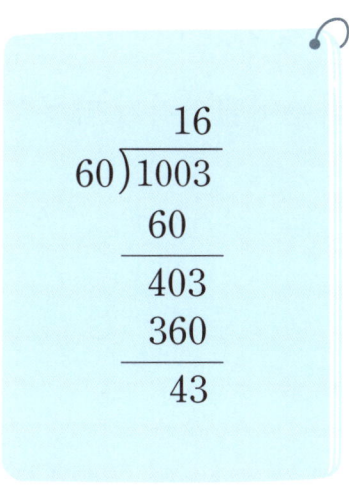

즉, 1,003은 $60 \times 16 + 43$이니까 16을 나타내는 기호를 쓰고 이어서 43을 나타내는 기호를 쓰면 돼. 이렇게 말이야.

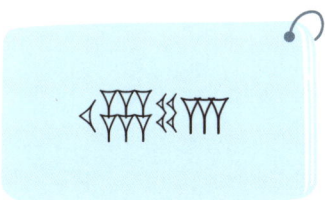

학생 우아! 신기해요. 60으로 모든 수를 표현하다니, 바빌로니아 사람들은 60을 좋아했나 봐요.

선생님 맞아. 바빌로니아 사람들은 60이라는 수를 좋아했어. 60이 1, 2, 3, 4, 5, 6, 10, 12, 15, 20, 30, 60과 같이 여러 수로 나누어떨어지기 때문이었지.

인도 아라비아 숫자

학생   그럼 우리가 지금 사용하는 인도 아라비아 숫자는 언제 누가 만들었죠?

선생님   이름을 잘 기억하고 있구나! 인도 아라비아 숫자 체계에서는 0, 1, 2, 3, 4, 5, 6, 7, 8, 9 열 개의 숫자만으로 모든 수를 나타낼 수 있어. 이 숫자는…….

학생   잠깐만요 선생님, 생각해 보니 이 숫자들은 그냥 아라비아 숫자라고 부르지 않나요?

선생님   그 이름이 더 익숙하지?

하지만 이 숫자를 처음 만든 것은 아라비아 사람이 아니라 인도 사람들이야.

이 숫자가 아라비아 숫자로 불리는 것은 아라비아 사람들이 이 숫자를 유럽에 소개했기 때문이야.

사실 인도의 숫자 체계에 처음부터 0이 있었던 건 아니야. 서기 1세기경 인도 숫자는 1부터 9까지의 수를 다음과 같이 나타냈어.

인도 숫자는 4세기 초 굽타 왕조 시대에 이런 모습의 굽타 숫자로 바뀌지.

굽타 왕조 때의 인도 숫자는 그들이 정복한 여러 나라에 전파됐어.

학생 모양이 조금씩 달라졌네요.

선생님 맞아. 그리고 서기 6세기 무렵 인도에서 0이 만들어지면서 숫자의 모양이 또다시 변해.

서기 11세기에 사용한 인도 숫자의 모습은 다음과 같아.

인도의 숫자 체계는 0부터 9까지 10개의 숫자만으로 모든 수를 표시할 수 있다는 점과 수의 크기를 쉽게 비교할 수 있고 덧셈, 뺄셈, 곱셈, 나눗셈 등의 수식을 쉽게 계산할 수 있다는 점에서 인기를 끌었어.

특히 인도의 수 체계는 빈 자릿수를 0으로 나타내기 때문에 아무리 큰 수도 0부터 9까지의 10개의 숫자만으로 나타낼 수 있어.

예를 들어 1과 0이라는 숫자로 10을 만든다고 해 보자. 그럼 십의 자리에 1을 적고, 비어 있는 일의 자리에 0을 적어서 1보다 10배 큰 수를 나타낼 수 있지. 이 뒤에 0을 하나 더 쓰면 100이 돼.

그러면 일의 자리와 십의 자리가 0, 백의 자리가 1인 수가 되니까 1보다 100배 큰 수를 만들 수 있어.

학생 역시 이 숫자가 제일 간단하고 편한 것 같아요.

하지만 오랜 시간에 걸쳐 숫자를 만들어 낸 건 인도 사람들인데, 왜 아라비아 숫자로 더 많이 알려진 거죠?

선생님 상업이 발달했던 아라비아에서는 셈을 정확하게 하는 것이 중요했는데 인도 숫자가 건너오자 그동안 사용해 오던 어려운 숫자 체계를 버리고 인도 것을 채택했어.

그리고 이들이 이 숫자 체계를 유럽의 여러 나라에 소개하기 시작했지. 그래서 유럽 사람들은 이 숫자 체계를 아라비아 사람들이 처음 만든 것으로 알게 된 거야.

학생 제가 인도 사람이었다면 좀 억울했을 것 같아요. 앞으로는 꼭 인도 아라비아 숫자라고 불러야겠어요!

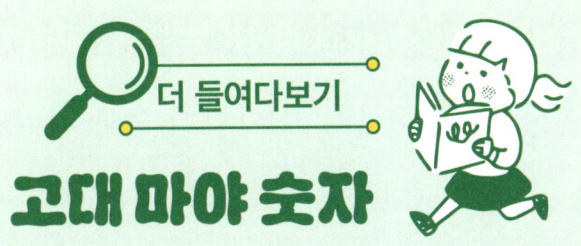

고대 마야 숫자

고대 마야인도 고유의 숫자를 가지고 있었다. 그들이 언제 이 숫자를 만들었는지는 알려져 있지 않다.

마야인은 20진법을 사용했고 이들 역시 빈 자리를 나타내기 위해 0을 나타내는 기호를 만들었다.

0을 나타내는 기호는 다음과 같다.

이들은 1을 나타내는 기호인 점(●)과 5를 나타내는 기호인 막대기(—)를 사용해서 0부터 19까지의 수를 나타냈다.

예를 들어 8은 5＋3이므로 5를 나타내는 기호 하나를 쓰고 그 위에 1을 나타내는 기호 3개를 써서 다음과 같이 나타낸다.

20 이상의 수를 나타낼 때는 20의 자리와 일의 자리를 알면 된다. 예를 들어, 20은 20＋0이므로 20의 자리 숫자는 1이고 일의 자리 숫자는 0이다.

그러므로 높은 자리의 숫자를 위에 쓰면 다음과 같이 20을 나타낼 수 있다.

같은 방법으로 28은 20＋8 이므로 20의 자리 숫자는 1이고 일의 자리 숫자는 8이다.

그러므로 다음과 같이 나타낼 수 있다.

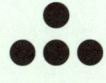

마야 숫자로 0부터 29까지의 수를 나타내면 다음과 같다.

0	1	2	3	4
👁	•	••	•••	••••
5	6	7	8	9
—	• —	•• —	••• —	•••• —
10	11	12	13	14
= 	• =	•• =	••• =	•••• =
15	16	17	18	19
≡	• ≡	•• ≡	••• ≡	•••• ≡
20	21	22	23	24
• 👁	•• •	• ••	• •••	• ••••
25	26	27	28	29
• —	• • —	• •• —	• ••• —	• •••• —

고대 마야 숫자

좀 더 큰 수를 마야의 수 체계로 나타내 보자. 예를 들어 100＝5×20＋0이므로 20의 자리 숫자는 5이고 일의 자리 숫자는 0이 된다.

그러므로 100은 마야 숫자로 다음과 같이 나타낼 수 있다.

이번에는 좀 더 큰 수인 1,377을 보자. 우선 1,377을 20진법으로 전개하면 $1377＝3×20^2＋8×20＋17$이다.

그러므로 20^2의 자리 숫자는 3이고 20의 자리 숫자는 8이며, 일의 자리 숫자는 17이다. 따라서 1,377을 마야 숫자로 나타내면 다음과 같다.

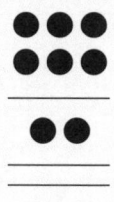

마야인의 20진법 수의 개념은 오늘날 프랑스에서 수를 나타내는 단어에서도 나타난다.

예를 들어, 영어에서 99는 90을 나타내는 ninety와 9를 나타내는 nine이 붙은 ninety-nine이지만 프랑스에서 99를 나타내는 말은 quatre-vingt-dix-neuf다.

이는 프랑스어로 '4개의 20과 19의 합'이라는 뜻이다. $4 \times 20 + 19 = 99$이기 때문이다.

2

· 사칙연산 ·

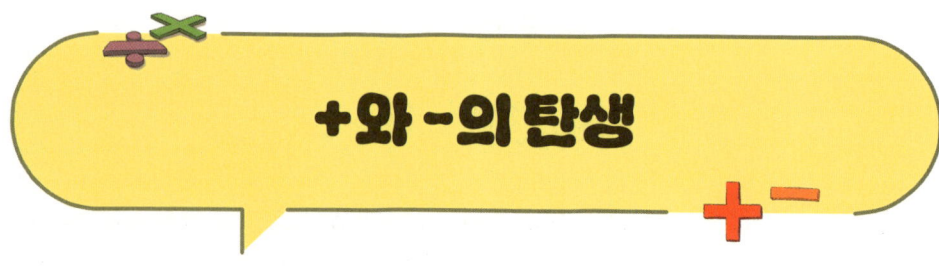

선생님 오일러의 『대수학 원론』 1섹션 제2장에는 덧셈과 뺄셈에 대해 소개되어 있어. 여기 봐.

> CHAPTER II.
> Explanation of the Signs + Plus and - Minus.
> 8. When we have to add one given number to another, this is indicated by the sign +, ⋯⋯ and is read plus. Thus 5 + 3 signifies that we must add 3 to the number 5, ⋯⋯ in the same manner 12 + 7 make 19 ; 25 + 16 make 41 ; ⋯⋯.

어떤 수에 다른 수를 더할 때 덧셈 부호 ＋를 사용해. 이것은 플러스(plus)라고 읽지. 5＋3은 5에 3을 더하는 것을 의미해. 마찬가지로 12＋7은 19가 되고, 25＋16은 41이 된다는 거지.

학생 뺄셈에 대한 설명은요?

선생님 여기에 나와.

> 11. When it is required, on the contrary, to subtract one given number from another, this operation is denoted by the sign -, which signifies minus, and is placed before the number to be subtracted: thus, 8 - 5 signifies that the number 5 is to be taken from the number 8; which being done, there remain 3. In like manner, 12 - 7 is the same as 5; and 20 - 14 is the same as 6, &c.

해석해 볼까? '어떤 수에서 다른 수를 뺄 때는 뺄셈 부호 ―를 사용한다. 이 부호는 마이너스(minus)라고 부른다. 즉, 8―5는 8에서 5를 뺀다는 것을 의미한다. 그 결과가 3이 된다는 것은 누구나 알고 있다.

같은 방법으로 12-7은 5가 되고 20-14는 6이 된다.'

학생　우아, 『대수학 원론』이라고 해서 엄청 어려울 줄 알았는데, 덧셈과 뺄셈은 저도 알아서 점점 더 재미있어져요! 아, 궁금한 게 생겼어요.

덧셈은 왜 +라고 쓰고 뺄셈은 왜 -라고 쓰죠?

선생님　오일러의 『대수학 원론』에서 보면 +는 덧셈 부호라고 부르고 -는 뺄셈 부호라고 불러.

아주 옛날에는 덧셈 부호가 없었어. 그래서 2+3을 수학책에서는 '2에 3을 더한 것'이라고 표현했지.

그러다가 수학자들은 덧셈을 기호로 만들면 편하겠다는 생각을 한 거야.

학생　오, 그럼 누가 덧셈과 뺄셈 부호를 만들었죠?

선생님　프랑스 리옹에서 의사로 일하던 쉬케(Nicolas Chuquet)! 그는 『수의 과학에서의 세 부분(*Triparty en la science des nombres*)』이라는 책을 썼어.

이 책에서 쉬케는 덧셈 부호를 '더 많게'라는 뜻을 가진

라틴어 plus의 앞 철자를 변형한 $\bar{p}$로 썼고, 뺄셈 부호를 '더 적게'라는 뜻을 가진 라틴어 moins의 앞 철자를 변형한 $\bar{m}$이라고 썼어.

학생 쉬케의 부호는 우리가 지금 쓰는 부호와 많이 다르군요.

선생님 맞아. 그리고 1494년 이탈리아의 수학자 파치올리(Luca Pacioli)는 『산술, 기하와 비(*Summa de arithmetica, geometria, proportioni et proportionalita*)』라는 책에서 덧셈 부호를 p로, 뺄셈 부호를 m으로 사용했어.

학생 그럼 이 두 부호가 어떻게 ＋와 －가 된 거죠?

선생님 현재 사용하는 덧셈 부호 ＋와 뺄셈 부호 －가 처음 나타난 것은 1489년이야.

독일의 수학자 비트만(Johannes Widmann)은 1489년에 『상인을 위한 산술서(*Behende und hübsche Rechnung auf allen Kaufmannschaft*)』를 썼는데, 바로 이 책에서 현재의 덧셈·뺄셈 부호를 처음 사용했지.

학생 인도 아라비아 숫자가 퍼진 것도, 지금의 덧셈·뺄셈 부호가 생겨난 것도 상업 때문이네요.

그만큼 상업에서 수학이 중요했나 봐요.

덧셈과 뺄셈의 법칙

선생님 자, 덧셈과 뺄셈은 배워서 잘 알고 있지?

학생 당연하죠! 자신 있어요.

선생님 그럼 이제 덧셈의 대표적인 성질을 알아볼까? 3+4는 얼마지?

학생 7이에요.

선생님 4+3은?

학생 그것도 7이에요.

선생님 그래. 다음과 같은 식이 성립된다는 것을 알 수 있어.

$$3+4=4+3$$

이렇게 두 수의 덧셈에서는 두 수의 자리를 바꾸어도 답이 달라지지 않아.

이것을 덧셈에 관한 교환 법칙이라고 불러.

학생 좋아요. 이해했어요!

선생님 이번에는 이 수식을 풀어 보렴.

$$1+(2+3)$$

학생 괄호가 있을 때는 괄호 안을 먼저 계산해야 하니까…….

$$1+(2+3)$$
$$=1+5$$
$$=6$$

답은 6이에요!

선생님 잘했어. 이번에는 이 수식을 풀어 봐.

$$(1+2)+3$$

학생 이것도 괄호 안을 먼저 계산하면 되니까,

$$(1+2)+3$$
$$=3+3$$
$$=6$$

답은 똑같이 6이네요!

선생님 그래. 그리고 네가 계산한 두 수식을 정리하면 이렇게 돼.

$$(1+2)+3=1+(2+3)$$

학생 괄호의 위치가 달라져도 값은 달라지지 않는군요.

선생님 맞아. (1+2)+3은 1과 2의 덧셈을 괄호로 결합한다는 뜻이야. 그리고 1+(2+3)는 2와 3의 덧셈을 괄호로 결합한다는 뜻이지.

그런데 세 수 중에서 두 수를 어떻게 결합해서 더해도 그 결과는 달라지지 않아.

그래서 이 성질을 수학자들은 덧셈에 관한 결합 법칙이라고 부른단다.

학생 그럼 굳이 괄호를 쓰지 않아도 되겠네요?

선생님 맞아. (1+2)+3=1+(2+3)=1+2+3이 되지.

이제 『대수학 원론』에 있는 문제를 하나 풀어 볼까? 다음 문제를 봐.

$$8+5+13+11+1+3+10$$

학생 헉, 수가 너무 많은데…….

일단 앞에서부터 차근차근 더해 볼게요.

8 더하기 5는 13이고, 13 더하기 13은 26에, 26 더하

기 11은 37, 여기에 1을 더하면 38, 38 더하기 3은 41이고 41 더하기 10은 51이니까······.

답은 51이 돼요!

선생님 아이고, 고생 많았어! 정답이야.

하지만 결합 법칙을 이용하면 훨씬 더 빨리 계산할 수 있어. 8과 5, 13과 11, 1과 3, 10을 괄호로 묶어 계산하면 되지.

$$8+5+13+11+1+3+10$$
$$=(8+5)+(13+11)+(1+3+10)$$
$$=13+24+14$$
$$=51$$

물론 결합 법칙을 사용하든 사용하지 않든 계산 시간은 비슷해.

하지만 여러 문제를 계산해야 할 때는 결합 법칙을 적절하게 이용해야 시간을 줄이고, 계산 실수도 덜할 수 있어.

학생 그러게요.

결합 법칙을 잘 쓰면 계산하기 편할 것 같아요.

그럼 교환 법칙도 잘 이용하면 문제를 더 빨리 계산할 수 있겠네요?

선생님 물론.

다음 식을 봐.

$$13+24+27+16$$

이 식을 차례대로 계산하면 틀리기 쉬워. 하지만 일의 자리 숫자들을 봐.

3과 7, 4와 6으로 일의 자리 숫자의 합이 각각 10이 되지? 이러면 계산이 더 쉬워질 거야.

그러니까 24와 27의 자리를 바꿔 보는 거야. 그러면 식이 이렇게 바뀌어.

$$13+24+27+16$$
$$=13+27+24+16$$

그리고 여기서 결합 법칙을 이용하면……

$$13+27+24+16$$
$$=(13+27)+(24+16)$$
$$=40+40$$
$$=80$$

자, 순식간에 계산이 끝났지?

학생 식을 계산하기 전에 먼저 괄호로 어떻게 결합시킬지 생각하면 계산이 빨라지겠네요.

선생님 맞아.

그럼 $13+24+27+16$을 이용하는 문장으로 이뤄진 문제를 만들어 봐.

학생 앗, 문제는 선생님이 만드는 거 아니에요?

선생님 꼭 그렇지는 않아. 선생님의 도움 없이 문제를 만들어 보는 건 수학을 잘하는데 큰 도움이 되거든.
이런 문장제를 잘 만들려면 좋은 책도 많이 읽어야 해.

학생 좋아요. 저는 이런 문제를 만들어 봤어요.

> 태환이는 4일 동안 큰 수의 덧셈 문제를 풀었습니다. 첫날 13문제를 풀었고, 둘째 날 24문제를 풀었고, 셋째 날 27문제를 풀었고, 넷째 날 16문제를 풀었습니다. 태환이가 4일 동안 푼 문제는 모두 몇 개인가요?

선생님 잘했어! 이렇게 문장제를 만드는 습관을 키우면 문장으로 된 문제에 대한 두려움이 없어질 거야.

학생 문제가 길어지면 겁부터 났는데, 이제부터는 매일 문장제를 하나씩 만들어 봐야겠어요.

선생님 좋은 생각이야!

학생 덧셈은 이렇게 공부하면 될 것 같아요.

그런데 혹시 뺄셈도 좀 더 빠르게 하는 방법이 있나요?

선생님 흠, 『대수학 원론』에 나오는 문제를 볼까?

$$50-1-3-5-7-9$$

학생 50에서 1을 빼면 49, 여기서 3을 빼면 46, 여기서 5를 빼면 41, 여기서 7을 빼면 34, 여기서 9를 빼면 25가 되니까 답은 25가 되네요.

어휴, 숨차!

선생님 아까도 말했지만, 차례대로 빼면 계산이 복잡해. 괄호로 잘 묶어 보자.

$$50-(1+3+5+7+9)$$
$$=50-25$$
$$=25$$

학생 무지 간단하네요!

어라, 그런데 왜 뺄셈을 괄호로 묶으면 괄호 안에서는 덧셈이 되죠?

선생님 이 식과 관련된 문장제를 만들어 볼게.

> 피터는 아버지로부터 용돈 50달러를 받았습니다. 피터는 첫날 과자를 사 먹는 데 1달러를 썼고, 둘째 날 햄버거를 사 먹는 데 3달러를 썼고, 셋째 날 책을 사는 데 5달러를 썼고, 넷째 날 친구의 생일 선물을 사는 데 7달러를 썼고, 다섯째 날 손가방을 사는 데 9달러를 썼습니다. 아버지가 피터에게 준 용돈은 얼마가 남았을까요?

물건을 사는 데 돈을 쓰는 것을 지출이라고 해.

이것을 부호로 나타내면 $-$지.

그러니까 받은 용돈 중에서 남은 돈은 수식으로 이렇게

10살에 시작하는 오일러의 대수학 원론 1

- 독후활동지 -

| 날짜 | 이름 | 점수 |

❖ 다음 글을 읽고 물음에 답하시오.

[활동1] 주관식

고대 바빌로니아 사람들은 60이 되면 자릿수가 하나 올라가는 신기한 수 체계를 만들었습니다. 그들의 수 체계는 생활 속에서도 볼 수 있습니다. 다음 문제를 풀면서 바빌로니아 수에 대해 알아봅시다.

1. 60분은 몇 시간인가요?

정답: 60분 = (　　) 시간

2. 70분은 몇 시간인가요?

정답: 70분 = (　) 시간 (　) 분

3. 2번 문제의 답을 바빌로니아 수로 나타내 봅시다.

정답:

[활동2] 주관식

숫자 '3' 네 개와 괄호, 덧셈, 뺄셈, 곱셈, 나눗셈 기호를 이용하면 결과가 0부터 10까지 나오게 할 수 있습니다. 다음을 참고해서 4와 9가 나오는 식을 만들어 보세요.

$3 + 3 - 3 - 3 = 0$

$3 - 3 + 3 \div 3 = 1$

$3 \div 3 + 3 \div 3 = 2$

$(3 + 3 + 3) \div 3 = 3$

4. 3　3　3　3　= 4

$3 + (3 + 3) \div 3 = 5$

$3 + 3 + 3 - 3 = 6$

$3 + 3 + 3 \div 3 = 7$

$3 \times 3 - 3 \div 3 = 8$

5. 3　3　3　3　= 9

$3 \times 3 + 3 \div 3 = 10$

뒷장으로 이어집니다.

[활동3] 주관식

본문 119~120쪽에서 배운 오일러 『대수학 원론』 원문 내용을 복습하며 다음 물음에 답해 봅시다.

> 427. In all these triangles, we see how many points each side contains. In the first triangle, there is only one point; in the second there are two in each side; in the third there are three; in the fourth there are four, &c. : so that the triangular numbers, or the number of points, which is simply called the triangle, are arranged according to the number of points which the side contains, which number is called the side; that is, the third triangular number, or the third triangle, is that whose side has three points; the fourth, that whose side has four, and so on; which may be represented thus:

다음 □안에 공통으로 들어가는 수를 쓰시오.

6 $1 + 3 + 5 + 7 + 9 + 11 = □ × □$

정답: ....

7 $1 + 3 + 5 + 7 + 9 + 11 + 13 = □ × □$

정답: ....

8 바둑알을 이용해 네 가지의 오각수를 만들어 보세요.

나타낼 수 있어.

$$50-1-3-5-7-9$$

그런데 이렇게 계산하는 것보다는 그냥 받은 용돈에서 피터가 5일 동안 쓴 돈을 빼는 게 훨씬 간단하지.

학생 맞아요. 그런 것 같아요.

선생님 그럼 피터가 5일 동안 쓴 돈은 어떻게 구할 수 있을까?

학생 1, 3, 5, 7, 9달러를 전부 더하면 되죠! 이렇게요!

$$1+3+5+7+9$$

선생님 바로 그거야. 이제 피터가 받은 용돈에서 5일 동안 피터가 쓴 돈을 빼면 돼.

즉, 피터가 5일간 쓰고 남은 돈을 나타내는 수식은 이렇게 되지.

$$50-(1+3+5+7+9)$$

학생 아하! 이제 이해했어요.

덧셈도 뺄셈도 괄호만 잘 활용하면 금방 풀 수 있군요.

선생님 맞아.

항상 수식을 잘 보고 어느 숫자를 어떻게 결합할지 잘 생각하는 것이 중요해.

학생 앗, 그런데 더하기와 빼기가 섞여 있으면 어쩌죠?

선생님 걱정 마.

그런 문제도 빠르게 풀 수 있는 방법이 있으니까.

오일러의 책에는 이런 문제가 있어. 일단 차례대로 계산해 볼래?

$$12-3-5+2-1$$

학생 12에서 3을 빼면 9고, 여기에서 5를 빼면 4고, 여기에 2를 더하면 6이 되고, 여기에서 1을 빼면?
바로 5가 되니까, 답은 5예요.

선생님 자, 그럼 이제 이 식 속의 숫자 자리를 바꿔 보자.

$$12-3-5+2-1$$
$$=12+2-3-5-1$$

덧셈은 덧셈끼리, 뺄셈은 뺄셈끼리 정리가 잘되었지?
이제 아까처럼 괄호로 잘 묶기만 하면 돼.
이렇게 말이야.

$$12-3-5+2-1$$
$$=12+2-3-5-1$$
$$=(12+2)-(3+5+1)$$
$$=14-9$$
$$=5$$

학생 덧셈이든 뺄셈이든 둘 다 섞인 식이든, 결합만 잘하면 되겠네요!

곱셈의 법칙

선생님 덧셈과 뺄셈의 법칙은 공부했으니, 이제 곱셈에 관한 오일러의 강의를 설명해 줄게.

학생 곱셈! 저 구구단은 알고 있어요.

선생님 오, 좋아! 그럼 3×7은 얼마지?

학생 21이에요.

선생님 7×3은 얼마지?

학생 그것도 21이에요.

선생님 맞아. 그러니까 $3 \times 7 = 7 \times 3$이 돼. 이렇게 곱셈은 두 수의 자리를 바꾸어도 값이 달라지지 않아. 이것을 곱셈의 교환 법칙이라고 불러.

학생 곱셈에도 교환 법칙이 적용된다고요?

그럼 곱셈도 결합 법칙이 적용되나요?

선생님 물론이야. $2 \times 3 \times 5$를 살펴볼까?

이 식은 앞의 2와 3을 묶었을 때는 $(2 \times 3) \times 5 = 6 \times 5 = 30$이야.

그리고 뒤의 3과 5를 묶으면 $2 \times (3 \times 5) = 2 \times 15 = 30$이 되지.

정리하면 이렇게 나타낼 수 있어.

$$(2 \times 3) \times 5 = 2 \times (3 \times 5)$$

즉, 세 수의 곱셈에서 어떤 두 수를 먼저 곱하든 결과는 같아. 이것을 곱셈의 결합 법칙이라고 불러.

학생 이것도 덧셈과 뺄셈처럼 굳이 괄호가 필요 없네요!

선생님 맞아.

$$(2 \times 3) \times 5 = 2 \times (3 \times 5) = 2 \times 3 \times 5$$

이뿐만이 아니야.

덧셈이나 뺄셈을 곱셈으로 바꿀 수도 있어.

같은 수를 여러 번 더하면 곱셈으로 나타낼 수 있지. 이렇게 말이야.

$$10 + 10 = 20 = 10 \times 2$$
$$10 + 10 + 10 = 30 = 10 \times 3$$
$$10 + 10 + 10 + 10 = 40 = 10 \times 4$$

학생 같은 수를 여러 번 더하는 것은 그 수에 더한 횟수를 곱한 것과 같네요!

선생님 잘 정리했어. 그럼 이번에는 덧셈과 곱셈이 섞여 있는 식을 계산하는 법칙을 알아볼게. 이 식을 계산해 보렴.

$$2 \times (3+5)$$

학생 괄호 안을 먼저 계산할게요. 3 더하기 5를 먼저 계산하면…… 8이고, 거기에 2를 곱하면 답은 16이에요.

$$2 \times (3+5)$$
$$= 2 \times 8$$
$$= 16$$

선생님 그럼 이번에는 이걸 계산해 봐.

$$2 \times 3 + 2 \times 5$$

학생 이번에는 곱셈을 먼저 하고 그다음 덧셈을 해야겠네요. 2와 3을 곱한 값과 2와 5를 곱한 값을 더하면 6 더하기 10이니까…….

$$2 \times 3 + 2 \times 5$$
$$= 6 + 10$$
$$= 16$$

16이에요!

같은 값이 나왔어요.

$$2 \times (3+5) = 2 \times 3 + 2 \times 5$$

우연히 이렇게 된 거죠?

선생님 우연이 아니야.

이 규칙은 어떤 수를 넣어도 성립해.

$$3 \times (1+5) = 3 \times 1 + 3 \times 5$$
$$7 \times (2+8) = 7 \times 2 + 7 \times 8$$

학생　정말 신기해요!

왜 그런 거예요?

선생님　알기 쉽게 설명해 줄게.

이 직사각형을 봐.

2개의 직사각형을 붙여서 만든 거야.

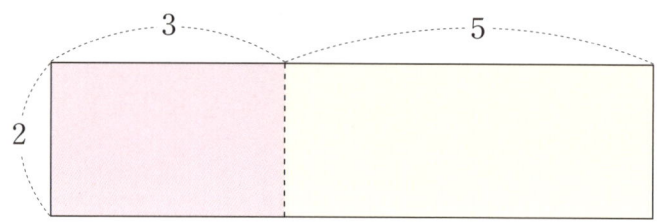

이 직사각형의 넓이는 어떻게 될까?

학생　가로의 길이는 8이고 세로의 길이는 2니까 이 직사각형의 넓이는 2×8이 돼요.

선생님　좋아.

가로 길이가 8이라는 건 어떻게 알았니?

학생　왼쪽 사각형의 가로 길이인 3과 오른쪽 사각형의 가로 길이인 5를 더했어요.

선생님 그럼 이 직사각형의 넓이는 다음과 같이 나타낼 수 있겠구나.

$$2 \times (3+5)$$

이제 이 직사각형에서 점선 부분을 가위로 자르면 두 직사각형이 만들어져.

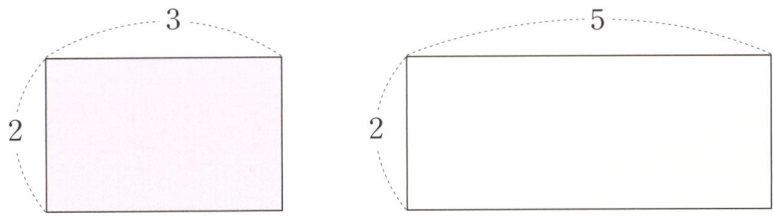

이 두 직사각형의 넓이를 더하면 가위로 자르기 전의 큰 직사각형의 넓이와 같아.

왼쪽 직사각형의 넓이는 세로 2와 가로 3을 곱해 2×3이고, 오른쪽 직사각형의 넓이는 세로 2와 가로 5를 곱해 2×5야.

따라서 자른 후 두 직사각형의 넓이의 합은 이렇게 되지.

$$2\times3+2\times5$$

그리고 이 값은 가위로 자르기 전의 직사각형의 넓이와 같아.

$$2\times(3+5)=2\times3+2\times5$$

바로 이렇게 나타낼 수 있어.

학생 그림으로 보니까 이해가 쏙쏙 되네요.

이 법칙의 이름은 뭐죠?

선생님 이 법칙을 보면 2가 3과 5에 각각 분배되는 것처럼 보이지?

그래서 이 법칙을 분배 법칙이라고 불러.

나눗셈의 역사

선생님 오일러의 책에는 옛날 사람들이 나눗셈을 하는 방법이 소개되어 있어.

나눗셈은 몫과 나머지를 구하는 문제야.

다음 나눗셈을 봐.

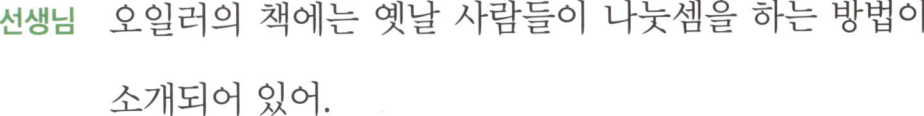

$$41 \div 9$$

학생 음, 9 곱하기 4는 36이고, 41 빼기 36은 5니까 몫은 4이고 나머지는 5가 돼요.

선생님 맞아. 오일러가 살던 시대에는 나눗셈을 다음과 같이 계산했어.

$$9 \overline{\smash{)}41} \, (4$$
$$\underline{36}$$
$$5$$

학생 모양이 신기하네요.

지금은 이렇게 계산하는데 말이에요.

$$\begin{array}{r} 4 \\ 9{\overline{\smash{)}41}} \\ \underline{36} \\ 5 \end{array}$$

선생님 시간이 흐르면서 기호가 바뀌는 것뿐이야.

선생님 이제 우리는 '영'이라는 수를 생각할 거야.

영은 아무것도 없음을 나타내는 수로 0이라고 써.

그럼 0개의 빵을 먹었다는 것은 무슨 뜻일까?

학생 빵을 먹지 않았다는 뜻이에요!

선생님 맞아.

그럼 이 문제도 맞혀 봐.

빵이 1개 있었는데, 그 빵 1개를 먹으면 남은 빵의 개수는 몇 개지?

학생　빵은 하나도 남아 있지 않아요.

선생님　맞아. 0개의 빵이 남아 있지. 이것을 식으로 나타내면 이렇게 돼.

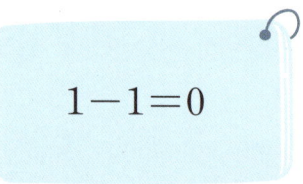

즉, 0은 1에서 1을 뺀 수이고 다시 말하면 1보다 1만큼 작은 수야.

학생　영은 인도 사람이 발견했다고 들었어요. 영을 발견한 사람은 어떤 사람이죠?

선생님　0이라는 기호를 처음 만든 건 인도 사람들이야. 하지만 그보다 훨씬 전에 살았던 고대 바빌로니아 사람들도 수의 빈 자리를 나타내기 위해 영에 해당하는 기호를 사용하곤 했어.

학생　101처럼요? 101은 십의 자리가 비어 있는 수잖아요.

선생님　맞아. 십의 자리가 비어 있는 것을 십의 자리 수가 0이라고 말하지.

빈 자리를 0으로 채우지 않으면 101과 11을 구별할 수 없어.

학생   이렇게 보니 무척 중요한 숫자인 것 같아요.

선생님 그렇지? 하지만 이때까지 0은 그저 빈 자리를 채우는 기호에 지나지 않았어. 0을 수로 처음 생각한 사람은 인도의 브라마굽타라는 수학자야.

학생   브라마굽타요? 처음 들어 봐요. 어떤 사람이었어요?

선생님 브라마굽타는 인도 북서부의 빌라말라(Bhillamāla, 현재의 빈말)에서 태어나 생의 대부분을 그곳에서 보냈어.

빌라말라에서 수학 교사를 하던 브라마굽타는 비아라무카 왕에 의해 궁정 천문학자로 임명되어 우자인 천문대의 책임자가 되었지.

이때 인도의 스님들은 하늘의 별이 움직이는 속도와 별까지의 거리를 계산하는 방법을 연구하고 있었어.

브라마굽타 역시 평생 별을 연구했어.

브라마굽타는 별의 움직임을 좀 더 빨리 계산하기 위해서는 곱셈과 나눗셈을 빠르게 할 수 있는 새로운 수 체계를 만들어야 한다는 생각을 가지게 되었지.

그는 단지 빈 자리를 나타내기 위해 사용되던 0을 새로운 수로 생각해야 한다고 주장했어.

학생 음, 그런데 0을 기호가 아니라 수로 본다고 해서 달라지는 게 있나요? 저는 잘 모르겠어요.

선생님 헷갈리지?

그럴 만해.

하지만 0을 단순히 기호로 보는 것과 수로 보는 것 사이에는 분명 큰 차이가 있어.

0을 수로 본다는 것은 곧 0과 다른 수들과의 덧셈, 뺄셈, 곱셈, 나눗셈이 가능하다는 뜻이거든.

브라마굽타는 먼저 어떤 수에 0을 더한 것은 그 수 자신이 된다고 생각했어.

3에 0을 더하면 그대로 3이 되는 것처럼 말이야.

학생 그렇지만 생활 속에서 0과의 덧셈을 쓸 일이 있을까요?

선생님 당연히 있지!

이 문제를 보렴.

> 찬휘는 햄버거 가게에 가서 3,000원짜리 햄버거 단품을 주문했다. 그런데 종업원이 오늘은 음료값을 받지 않는다고 해서 찬휘는 콜라를 공짜로 받았다.
> 찬휘는 햄버거와 콜라값으로 얼마를 지불해야 하는가?

학생   콜라값이 공짜니까 당연히 3,000원만 지불하면 되지요.

선생님   그렇지.

이 문제를 식으로 나타내 볼까?

공짜라는 것은 물건의 값이 0원이라는 뜻이야.

그러니까 이렇게 나타낼 수 있겠지.

> (지불해야 할 돈)＝(햄버거 값)＋(콜라 값)

그런데 콜라 값이 공짜니까 찬휘는 햄버거 값만 지불하면 돼.

이것을 수식으로 나타내 볼까?

$$3000 + 0 = 3000$$

학생 아하!

문장제를 만드니까 이해가 돼요.

선생님 그렇지?

그러니까 수학을 잘하려면 생활 속에서 문장제를 스스로 만드는 습관을 길러야 해.

학생 그렇군요.

열심히 연습해 봐야겠어요.

선생님 이번에는 0과 다른 수의 뺄셈에 대해 알아보자.

사실 뺄셈도 덧셈과 똑같아.

어떤 수에서 0을 빼면 그 수와 같아지지.

아까 3에 0을 더해도 3이 됐지?

반대로 3에서 0을 빼도 3이 된단다.

학생   그럼 이번에는 제가 0과의 뺄셈을 활용하는 문장제를 만들어 볼게요!

> 어떤 학생이 20,000원을 들고 서점에 갔다. 학생은 서점에서 정가가 1,000원이라고 쓰여 있는 작은 책을 들고 책값을 계산하기 위해 카운터로 갔다. 그랬더니 점원은 우수 고객에게 공짜로 주는 책이라며 책값을 받지 않았.
> 이 학생에게 남은 돈은 얼마인가?

학생   공짜라는 것은 책값이 0원이라는 뜻이죠. 이것을 식으로 나타내면 20000－0＝20000이 돼요.

선생님   잘했어! 그리고 또 하나 뺄셈에서 중요한 것이 있어. 바로 어떤 수에서 그 수를 빼면 0이 된다는 성질이지.

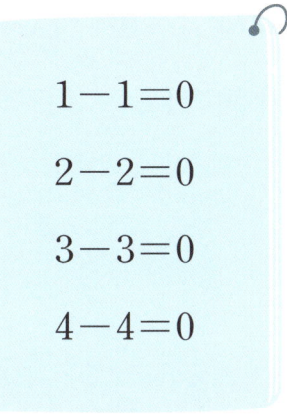

학생 그럼 어떤 수와 0을 곱하면 어떻게 되지요?

선생님 어떤 수와 0과의 곱은 항상 0이 돼.

학생 왜 그런 거죠?

선생님 말로 하면 너무 어려우니까 수식으로 예를 들어 설명해 줄게.

$$3 \times 0 = 0$$

이 수식이 성립하는 이유를 알아보자.

우선 같은 수에서 같은 수를 빼면 뭐지?

학생 0이 돼요.

선생님 맞아. 그러니까 3×0에서 0을 5−5로 바꿔도 되겠지? 그럼 이렇게 되거든.

$$3 \times 0$$
$$= 3 \times (5-5)$$

여기서 분배 법칙을 이용해 보는 거야.

3과 5를 곱한 값에서 3과 5를 곱한 값을 빼면 얼마가 되니?

$$3 \times 0$$
$$= 3 \times (5-5)$$
$$= 3 \times 5 - 3 \times 5$$
$$= 15 - 15$$
$$= 0$$

학생   0이 돼요!

와, 그냥 당연히 0이라고 생각했는데, 이런 식으로 증명할 수도 있군요.

선생님   그럼!

당연하다고 생각되는 법칙도 모두 수학자의 증명을 거친 결과란다.

학생   정말 신기해요.

그럼 0과 다른 수의 나눗셈도 항상 답이 0인가요?

선생님   0을 어떤 수로 나눌 경우에는 항상 0이 된단다.

$$0 \div 1 = 0$$
$$0 \div 2 = 0$$
$$0 \div 3 = 0$$
$$0 \div 4 = 0$$

학생   이것도 증명할 수 있나요?

선생님   그렇단다.

$8 \div 4 = 2$라는 식을 보렴.

이걸 빵에 비유하자면, 8개의 빵을 4명이 똑같이 나누어 가지면 1명이 2개의 빵을 가지게 된다는 뜻이야.

그래서 $0 \div 4$는 0개의 빵을 4명이 똑같이 나누어 가지면 1명이 몇 개의 빵을 가지는지를 묻는 문제가 되지.

학생   빵이 없는데 어떻게 나누어 가져요?

선생님   네 말이 맞아.

4명이 나누어 가질 빵이 없는 거야.

즉, 4명은 0개의 빵을 가지게 되지.

학생 그렇군요.

선생님 자! 그럼 나눗셈까지 살펴봤으니, 덧셈, 뺄셈, 곱셈, 나눗셈과 괄호를 이용하는 혼합 계산에 대한 재미있는 문제를 하나 다루어 볼까?

학생 으악!

듣기만 해도 복잡해요.

너무 어려운 문제는 아니겠죠?

선생님 걱정하지 말렴.

나도 같이 볼 거니까.

자, '4' 네 개와 덧셈, 뺄셈, 곱셈, 나눗셈과 괄호를 이용해 0부터 10까지의 자연수를 모두 만드는 식을 찾아보자!

학생 그게 가능해요?

선생님 물론이지!

$$44-44=0$$
$$44\div44=1$$
$$4\div4+4\div4=2$$
$$(4+4+4)\div4=3$$
$$4+(4-4)\div4=4$$
$$(4\times4+4)\div4=5$$
$$(4+4)\div4+4=6$$
$$44\div4-4=7$$
$$4+4+4-4=8$$
$$4+4+4\div4=9$$
$$(44-4)\div4=10$$

학생 우아, 정말 신기해요.

수를 0으로 나눌 수 있을까?

0을 수로 처음 인식한 브라마굽타는 0과 다른 수의 계산에 대한 원칙을 세웠다. 예를 들어 어떤 수에 0을 더하거나 어떤 수에서 0을 빼면 그 수 자신이 된다는 것이다.

그는 0을 0으로 나눈 값이 0이 된다고 주장했다. 하지만 훗날 인도의 수학자 바스카라가 이는 옳지 않다는 사실을 밝혀냈다.

수 세기가 지난 후 등장한 12세기 인도 최고의 수학자인 바스카라는 어떤 수를 0으로 나누는 문제에 대해 브라마굽타와 생각이 달랐다.

바스카라는 어떤 수를 0으로 나누면 우리가 상상할 수 없는 아주 큰 수가 될 거라고 생각했다. 바스카라의 이런 생각은 훗날 뉴턴과 라이프니츠의 미분의 발견에 크게 기여했다.

바스카라의 저서 중에서 가장 유명한 것은 『릴라바티』다.

바스카라는 브라마굽타의 수학적인 업적과 자신의 업적을 이 책에 모두 담았다. 이 책의 제목 '릴라바티'는 그의 딸 이름이기도 하다.

수학자이자 점성술사이기도 했던 바스카라는 딸이 자신이 정해 준 정확한 시각에 결혼해야만 행복하게 살 수 있다고 예언했다.

릴라바티는 그 말을 믿고 결혼식 날 바스카라가 예언한 시각이 되기만을 초조하게 기다리고 있었다. 그런데 물시계를 바라보던 릴라바티의 머리 장식에서 진주 한 알이 떨어져 그만 물시계의 물구멍을 막아 버리고 말았다. 이 때문에 정확한 결혼 시각을 알 수 없게 된 릴라바티는 평생을 혼자 살게 되었다. 이에 바스카라는 딸의 불행을 위로하기 위해 자신이 쓴 책의 제목을 딸의 이름으로 붙였다고 한다.

브라마굽타도 바스카라도 어떤 수를 0으로 나눈 값을 구하지 못했다. 그렇다면 지금은 그 값을 알 수 있을까?

아쉽게도 앞으로도 어떤 수를 0으로 나눈 값은 알 수 없을 것이다. 수학 이론 안에서는 어떤 수를 0으로 나누는 것을 금지하고 있기 때문이다.

즉, 어떤 수를 0으로 나눈 몫은 정의되지 않는다. 왜 그런지 살펴보자.

만약 수를 0으로 나눌 수 있다고 가정하고 $2 \times 0 = 0$의 양변을 0으로 나누어 보자.

$$2 \times 0 \div 0 = 0 \div 0$$

어떤 수를 자기 자신으로 나누면 1이 되므로, 여기에서 $0 \div 0 = 1$이 된다. 그러나 이렇게 되면 $2 = 1$이 되어 심각한 문제가 발생한다.

이 때문에 수학에서는 0으로 나누는 것을 금지하고 있다.

③

· 수열과 도형수 ·

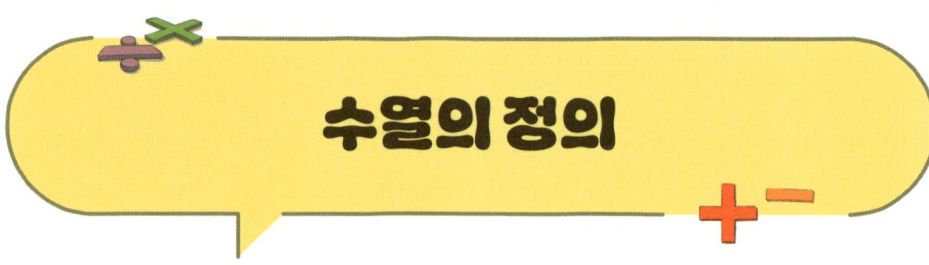

선생님 이제 오일러의 『대수학 원론』에 나오는 수열에 대해 이야기할 거야.

오일러의 『대수학 원론』 제3섹션의 제3~5장에 걸쳐 수열의 설명이 나와.

'수들이 규칙을 통해 나열될 수 있다. 예를 들어 자연수는 1, 2, 3, 4,……와 같이 나열된다. 이 수들은 보면 앞의 수보다 1씩 증가한다는 것을 알 수 있다.'

402. We have already remarked, that a series of numbers composed of any number of terms, which always increase, or decrease, by the same quantity, is called an arithmetical progression. Thus, the natural numbers written in their order, as 1, 2, 3, 4, 5, 6, 7, 8, 9, 10, &c. form an arithmetical progression, because they constantly increase by unity ……

학생 선생님, 수열이 뭔지부터 설명해 주셔야죠.

처음 들어 보는 용어라 어렵단 말이에요.

선생님 아이고, 요 녀석.

이제 막 오일러의 『대수학 원론』에서도 말하려던 참이야.

이 수들을 봐. 어떤 규칙이 보이니?

1, 3, 5, 7, 9, 11

학생 앞의 수에 2를 더하면 다음 수가 나오네요.

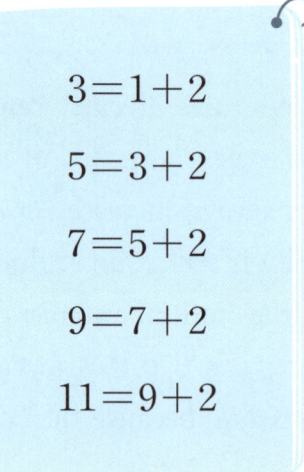

선생님 맞아. 이렇게 어떤 규칙을 따라 수들이 나열되어 있는 것을 수열이라고 불러.

방금 본 이 수열은 이웃한 두 수의 차이가 일정한 수열이야.

이웃한 두 수의 차이는 2지.

수열에 속한 수는 분수나 소수가 될 수도 있지만, 지금은 수들이 자연수인 경우만 생각할 거야.

자연수가 뭔지 아니?

학생 네! 1, 2, 3, 4, 5, 6, 7처럼 1씩 커지는 수잖아요.

선생님 이제 이 수열의 열 번째 수를 찾아볼까?

학생　잠깐만요.

　　　　차근차근 찾아볼게요.

첫 번째 수＝1

두 번째 수＝3

세 번째 수＝5

> 네 번째 수＝7
>
> 다섯 번째 수＝9
>
> 여섯 번째 수＝11
>
> 일곱 번째 수＝13
>
> 여덟 번째 수＝15
>
> 아홉 번째 수＝17
>
> 열 번째 수＝19

선생님 그럼 100번째 수는?

학생 100번째 수요?

시간이 너무 많이 걸리겠는데요!

선생님 규칙을 찾으면 100번째 수도 1,000번째 수도 금방 구할 수 있어.

자, 우선 수열을 숫자가 아니라 글자로 나타내 볼게.

> 첫 번째 수＝1
>
> 두 번째 수＝첫 번째 수＋2
>
> 세 번째 수＝두 번째 수＋2
>
> 네 번째 수＝세 번째 수＋2
>
> 다섯 번째 수＝네 번째 수＋2

글자로 표현한 부분을 숫자로 바꾸면 이렇게 쓸 수도 있지.

> 첫 번째 수＝1
>
> 두 번째 수＝1＋2
>
> 세 번째 수＝1＋2＋2
>
> 네 번째 수＝1＋2＋2＋2
>
> 다섯 번째 수＝1＋2＋2＋2＋2

여기서 반복되는 같은 수의 덧셈을 곱셈으로 바꿔 볼까?

> 첫 번째 수 = 1
>
> 두 번째 수 = 1+2
>
> 세 번째 수 = 1+2×2
>
> 네 번째 수 = 1+2×3
>
> 다섯 번째 수 = 1+2×4

규칙이 보이기 시작하지? 이 규칙을 이용하면 열 번째 수는 1에 2×9를 더한 19라는 것을 알 수 있어.

학생 규칙이 있으니까 100번째 수도 구할 수 있겠어요! 1에 2×(100−1)을 더하면 되는 거죠?

선생님 맞아.

> 100번째 수 = 1+2×99 = 199

학생 우아! 강력한 공식이다.

이 공식만 있으면 수열은 문제없겠어요!

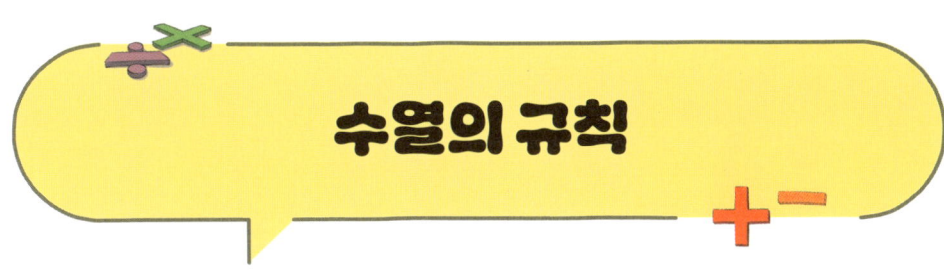

수열의 규칙

선생님 이번에는 이웃한 두 수의 차이가 일정한 수열에 속하는 모든 수의 합을 구해 볼 거야. 다음 수들은 이웃한 두 수의 차이가 1로 일정한 수열이야.

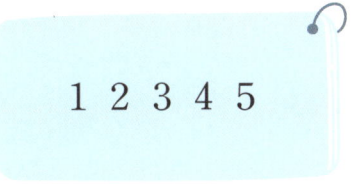

이 수들의 합을 구해 봐.

학생 그러니까 이걸 구하면 되지요?

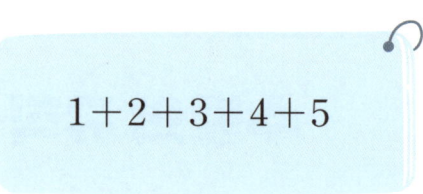

이거 쉬운데요.

1 더하기 2는 3, 3 더하기 3은 6, 6 더하기 4는 10, 10 더하기 5는 15가 되니까 답은 15가 되지요.

선생님 그럼 1부터 100까지의 자연수의 합을 구해 보렴.

학생 헉! 그건 시간이 너무 오래 걸려요.

몇 시간은 걸릴 거예요!

선생님 규칙을 찾으면 아주 쉽고 빠르게 구할 수 있어.

우선 1부터 5까지 자연수들의 합에서 규칙을 찾아볼게.

1부터 5까지의 자연수를 차례로 써 봐.

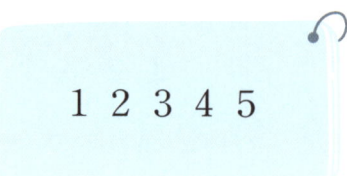

이번에는 거꾸로 5부터 1까지를 그 밑에 써 봐.

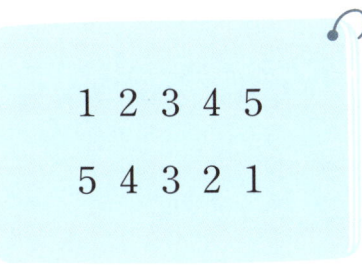

어떤 규칙이 있을까?

학생 위아래 두 수를 더하면 모두 6이 나와요.

선생님 6이 5개 나오지? 그러니까 윗줄에 있는 수들과 아랫줄에 있는 수들을 모두 더하면 6×5가 돼.

학생 이것이 1부터 5까지 자연수들의 합인가요?

선생님 아니야. 1부터 5까지 자연수들의 합의 2배가 되지. 그러니까 1부터 5까지 수들의 합은 6×5를 2로 나누어 줘야 해.

$$1+2+3+4+5=(6\times5)\div2$$

여기서 5는 더하는 수의 개수이고 6은 첫 번째 수와 마지막 수의 합이야.

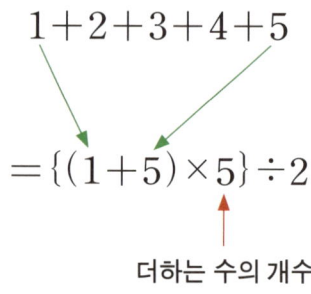

더하는 수의 개수

학생 차이가 1이 아닌 경우에도 똑같이 계산되나요?

선생님 물론이야.

차이가 2인 경우를 볼게. 다음 5개의 수를 봐.

$$1\ 3\ 5\ 7\ 9$$

이번에는 거꾸로 9부터 1까지를 그 밑에 써 봐.

> 1 3 5 7 9
>
> 9 7 5 3 1

위아래 두 수를 더하면 모두 10이 되니까 10이 5개 나오지?

그러니까 윗줄에 있는 수와 아랫줄에 있는 수를 모두 더하면 10×5가 돼.

즉, 1＋3＋5＋7＋9의 2배가 되지. 그러니까 다음처럼 되지.

> $1+3+5+7+9=(10\times5)\div2$

여기서 5는 더하는 수의 개수이고 10은 첫 번째 수와 마지막 수의 합이야.

차이가 1이 아닌 수열이라도 똑같은 공식이 적용되는 게 보이지?

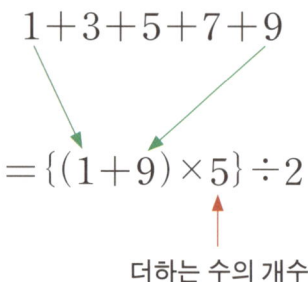

더하는 수의 개수

학생   정말 멋진 공식이네요.

선생님   자, 그럼 이 멋진 공식을 바로 문제에 활용해 보자.

> 어느 괘종시계는 1시에는 1번, 2시에는 2번 울리고 1시간이 지날 때마다 울리는 횟수가 하나씩 늘어나 12시에는 12번 울린다. 그렇다면 이 괘종시계는 12시간 동안 몇 번 울리는가?

학생 문장으로 보면 복잡해 보이지만, 이것도 수열 문제네요! 한 시간이 지날 때마다 시계가 울리는 횟수가 1씩 늘어나니까, 12시간 동안 괘종시계의 종이 울린 횟수를 구하려면 1부터 12까지 모두 더하면 돼요.
더하는 수의 개수는 12개, 첫 번째 수와 마지막 수의 합은 1 더하기 12니까 아까 배운 공식을 적용하면…… 답은 78번이에요!

$$\{12 \times (1+12)\} \div 2 = 78$$

선생님 훌륭해!

도형수를 발견한 피타고라스

선생님 이제 오일러의 『대수학 원론』에 나오는 도형수에 대해 이야기해 보려고 해.

학생 도형수는 처음 들어 봐요.

선생님 조금 낯설지?

그럼 먼저 도형수를 처음 발견한 고대 그리스의 위대한 수학자 피타고라스의 이야기를 시작할게.

피타고라스는 사모스섬이라 부르는 아름다운 섬에서 태어났어.

피타고라스가 정확히 언제 태어났고 언제 죽었는지는 알려져 있지 않아. 하지만 대략 기원전 580년 전후에 태어난 것으로 추정되지.

피타고라스가 태어난 시기에 그리스는 수많은 식민지를 거느리고 있었어. 사모스섬 역시 그리스의 식민지 중 하나였어.

에게해에 있는 사모스섬은 무역이 번창하고 학문과 문화가 발달한 항구 도시였어.

피타고라스의 아버지는 상인이었어.

어릴 때부터 수학에 천부적인 소질을 보였던 피타고라스는 유명한 철학자 탈레스로부터 수학과 천문학을 배웠어.

그리고 20세가 되던 해에는 이집트의 멤피스로 가서 수학, 철학, 천문학을 공부했지.

피타고라스는 수학을 가르치기 위해 다시 고향 사모스로 돌아왔어. 그때까지만 해도 별로 유명하지 않았던 피타고라스에게 수학을 배우려는 사람이 없었지.

▶ 피타고라스가 태어난 사모스섬

그러자 피타고라스는 길거리의 부랑자에게 자기 돈을 주면서 자신에게 수학을 배우게 했대. 그런데 부랑자에게 줄 돈이 떨어져 더는 수업할 수 없게 되자 부랑자는 피타고라스에게 수업료를 내고 배웠다고 해.

이것이 피타고라스가 수업료를 받고 가르친 최초의 수학 수업이야.

사모스에서 수학을 가르치는 것이 여의치 않자 피타고라스는 기원전 529년에 그리스의 식민지인 크로톤(현재

는 이탈리아의 크로토네)으로 가서 학교를 세웠어.

피타고라스의 학교에는 그를 추종하는 사람들이 모여들어 피타고라스학파가 만들어졌어.

피타고라스학파에서 발견된 것은 모두 피타고라스의 이름으로 일컬어지고, 발견된 내용을 학파 사람들이 아닌 다른 사람들에게 알리는 것을 엄격히 금지했어.

기초를 강조했던 피타고라스는 모여든 추종자들에게 처음부터 수학을 가르쳐 주지 않았어. 그 대신 마음을 깨끗이 하는 법과 철학을 가르쳤지.

피타고라스는 수학이 인간과 신을 연결하는 학문이기 때문에 수학을 공부하려면 몸과 마음을 깨끗이 하고 사치스럽게 살지 않는 등 올바른 철학 정신을 지녀야 한다고 생각했어.

그런 노력 없이 섣불리 수학을 공부하면 미쳐 버릴 수 있다고 경고했지.

제자들은 피타고라스에게 수학을 배우기 위해서는 오랜 시간 동안 경건한 마음으로 욕심을 절제하는 생활을 해야 했어. 자신의 마음을 다스리며 충분한 경지에 오르게 된 제자는 염원하던 수학을 배울 수 있게 되었지.

이들을 마테마테코이라고 불렀어. 바로 '수학을 공부하는 학생'이라는 뜻이야.

이때 사람들이 왜 피타고라스에게 수학을 배우려고 했는지 알려 주는 재미있는 일화가 있어.

어느 날, 피타고라스는 똑같은 크기의 빵 9개를 두고 10명의 사람들이 다투는 모습을 보았어. 각자 1개씩 빵을 가지면 1명이 빵을 먹지 못하기 때문이었지.

피타고라스는 빵 9개의 무게를 잰 다음 전체의 10분의 1씩 빵을 잘라서 10명의 사람들에게 나누어 주었어.

사람들은 똑같은 양의 빵을 먹을 수 있게 되었고 피타고라스의 지혜에 감탄했어.

이때부터 더욱 많은 사람이 피타고라스에게 수학을 배우기 위해 피타고라스의 학교로 몰려들었지.

학생　수학의 힘은 정말 대단하네요.

도형수의 종류

선생님 이제 피타고라스가 발견한 아름다운 도형수에 대해 이야기해 볼까? 볼링 핀 10개를 봐.

앞줄에는 1개, 둘째 줄에는 2개, 셋째 줄에는 3개, 넷째 줄에는 4개의 볼링 핀이 서 있어.

이렇게 서 있는 것을 위에서 내려다보렴.

어떻게 보이니?

학생 앗, 꼭 정삼각형처럼 보여요!

선생님 이렇게 도형을 이루는 수를 도형수라고 불러.

이렇게 삼각형을 이루는 수를 피타고라스는 삼각수라고 불렀어. 이 내용은 『대수학 원론』 원문에도 나와. 자, 이 부분을 봐.

> 427. In all these triangles, we see how many points each side contains. In the first triangle, there is only one point; in the second there are two in each side; in the third there are three; in the fourth there are four, &c. : so that the triangular numbers, or the number of points, which is simply called the

triangle, are arranged according to the number of points which the side contains, which number is called the side; that is, the third triangular number, or the third triangle, is that whose side has three points; the fourth, that whose side has four, and so on; which may be represented thus:

'어떤 수들은 점으로 삼각형을 만들 때 점의 개수를 나타내기도 한다. 이러한 수들을 삼각수라고 부르는데 삼각수는 1, 3, 6, 10,……과 같이 나열된다.

첫 번째 삼각수인 1은 1개의 점으로 만든 삼각형을 나타낸다.

두 번째 삼각수인 3은 3개의 점으로 만든 삼각형을 나타낸다. 이 삼각형의 한 변은 2개의 점으로 이루어져 있다.

세 번째 삼각수인 6은 6개의 점으로 만든 삼각형을 나타낸다. 이 삼각형의 한 변은 3개의 점으로 이루어져 있다…….'

그러니까 처음 몇 개의 삼각수를 그림으로 나타내면 다음과 같지.

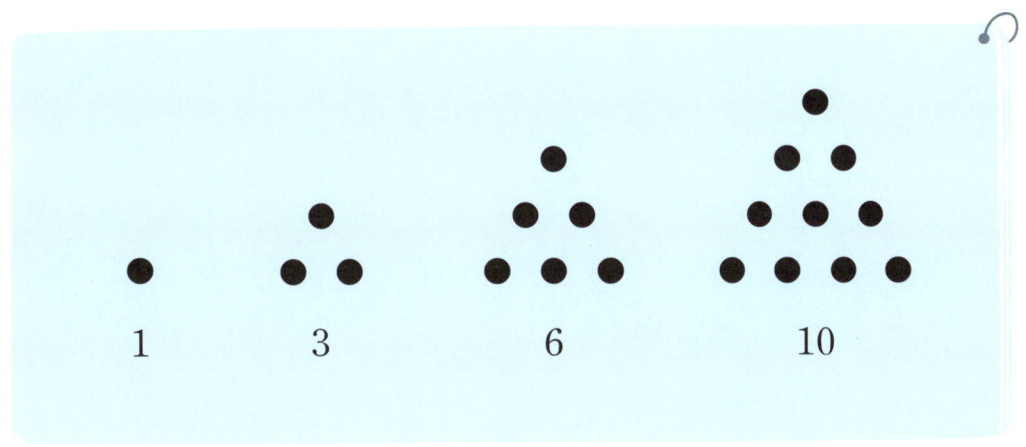

학생 삼각형 모양을 만들 때 사용되는 점의 개수가 삼각수네요!

선생님 맞아. 피타고라스는 이 중 네 번째 삼각수를 테트라드(tetrad)라고 불렀어.

즉, 처음 4개의 삼각수는 1, 3, 6, 10이 되지. 일반적으로 삼각수는 다음과 같아.

> 1, 3, 6, 10, 15, 21, 28, 36, 45, 55, 66, 78, 91, 105, 120, 136, 153, 171, 190, 210, 231, 253, 276, 300, 325, 351, 378, 406, 435, 465, 496, 528, 561, 595, 630, 666, ……

학생 우아, 정말 많네요.

언뜻 봐서는 규칙이 있는지 없는지 모르겠어요.

삼각수를 쉽게 구할 수 있는 방법이 있나요?

선생님 물론.

다음 그림을 봐.

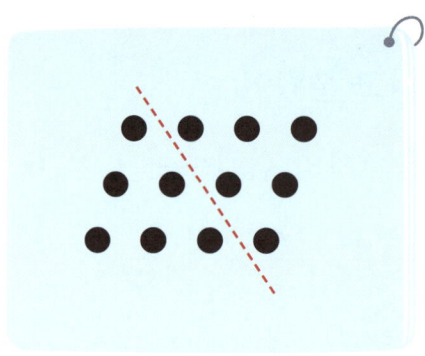

점선 왼쪽의 점의 개수와 오른쪽의 점의 개수가 같아. 전체 점의 개수는 3×4가 돼.

그런데 이렇게 나누어 놓으니까 어쩐지 낯익은 모양이 떠오르지 않니?

학생 그러네요! 세 번째 삼각수가 이루는 모양을 2개 붙여 놓은 것 같아요.

선생님 맞아.

그럼 규칙을 찾을 수 있게 3을 이용해서 공식을 다르게 바꿔 보자. 3×4를 어떻게 3으로 이루어진 공식으로 바꿀 수 있을까?

학생 4를 3+1로 바꾸면 어떨까요?

선생님 좋아! 그렇게 하면 3×4는 이렇게 바꿔 쓸 수 있어.

$$3 \times (3+1)$$

그리고 아까 말했듯이 이 수는 세 번째 삼각수를 2개 붙여 놓은 모양, 즉 세 번째 삼각수의 두 배야.

그러니까 세 번째 삼각수를 구하려면 $3 \times (3+1)$을 계산한 값을 2로 나누면 돼.

$$3 \times (3+1) \div 2$$

학생   순식간에 계산이 쉬워졌어요!

그럼 10번째 삼각수는 10에 1을 더한 값과 10을 곱하고, 2로 나누면 구할 수 있겠네요!

$$10 \times (10+1) \div 2 = 55$$

답은 55예요!

선생님   이제 혼자서도 척척 잘하는구나!

학생   선생님, 또 궁금한 게 있어요.

삼각형을 만드는 데 쓰이는 점의 개수가 삼각수라면, 사각형을 만드는 데 쓰이는 점의 개수는 사각수가 되나요?

선생님 맞아. 사각수는 다음 그림과 같지.

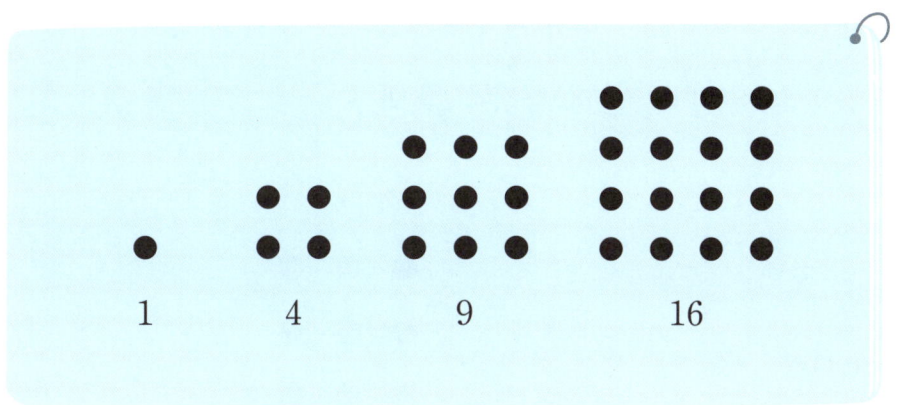

사각수는 다음과 같은 두 수의 곱셈으로 나타낼 수 있어.

> 첫 번째 사각수＝1×1＝1
> 두 번째 사각수＝2×2＝4
> 세 번째 사각수＝3×3＝9
> 네 번째 사각수＝4×4＝16

학생 같은 숫자를 두 번 곱하기만 하면 되니까 간단하네요.
그렇다면 열 번째 사각수는 10 곱하기 10이니까, 100

이에요.

선생님 잘했어.

이제 홀수로 사각수를 만드는 방법을 알려 줄게.

우선 세 번째 사각수를 봐.

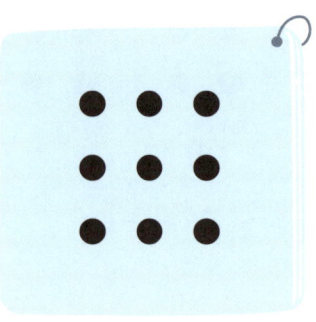

이것을 다음과 같이 세 영역으로 나누어 봐.

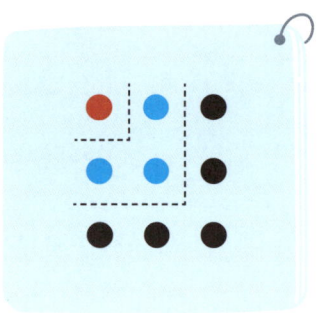

빨간 점은 1개, 파란 점은 3개, 검은 점은 5개지?

그러니까 전체 점의 개수는 이렇게 나타낼 수 있어.

$$1+3+5$$

이것은 1부터 시작되는 3개의 연속하는 홀수들의 합이기도 해.

그런데 이것이 바로 세 번째 사각수가 돼.

신기하지?

1 더하기 3 더하기 5는 9인데, 9는 바로 3×3이기도 하거든.

이것을 식으로 나타내 볼까?

$$1+3+5=3\times3$$

네 번째, 다섯 번째 사각수도 마찬가지야.

$$1+3+5+7=4\times4$$
$$1+3+5+7+9=5\times5$$

학생 정말이네요!

그럼 혹시 삼각수와 사각수 사이에도 특별한 관계가 있나요?

선생님 물론이지.

예를 들어 첫 번째 삼각수와 두 번째 삼각수를 더하면 4가 되는데, 이것은 사각수가 돼.

마찬가지로 두 번째 삼각수와 세 번째 삼각수를 더하면 9가 되는데 이것 역시 사각수가 되지.

삼각수를 차례로 써 보면 다음과 같아.

$$1, 3, 6, 10, 15, 21, \cdots\cdots$$

그런데 여기서 이웃하는 삼각수끼리 더하면 놀라운 일이 일어나.

$$1+3=4$$
$$3+6=9$$
$$6+10=16$$
$$10+15=25$$
$$15+21=36$$

이런 식으로 이웃하는 삼각수끼리의 합이 사각수로 나타나지.

피타고라스는 삼각수와 사각수를 일반화했어. 그래서 오각형을 만드는 데 사용되는 점의 개수를 오각수, 육각형을 만드는 데 사용되는 점의 개수를 육각수로 정의하여 모든 도형이 그에 대응되는 수와 관련이 있다는 사실을 알아냈어.

이렇게 삼각수, 사각수, 오각수와 같이 도형과 관련된

　　　　　수를 아울러 도형수라고 불러.

학생　　처음 들어 보는 내용이에요.

　　　　재미있기도 하고요!

선생님　그렇지?

　　　　다음 수업에서는 훨씬 더 유익하고 재미있는 내용을 많이 다룰 거야.

　　　　그러니 다음 수업도 꼭 챙겨 들으렴!

학생　　벌써부터 기대돼요!

수학 영재 가우스

가우스는 1777년 독일에서 가난한 집안의 외동아들로 태어났다.

그의 아버지는 벽돌공과 정원사 일을 했는데, 워낙 성질이 난폭해서 가족에게 환영을 받지 못했다.

가우스는 어린 시절 외

삼촌 프리드리히에게 수학을 배웠다.

프리드리히는 베 짜는 일을 하고 있었지만, 수학을 좋아해서 조카 가우스에게 알고 있는 수학을 모두 알려 주었다.

시간이 흘러 가우스는 일곱 살에 성 카타리넨 학교에 입학했다. 교장인 게오르크 뷔트너가 수학을 가르쳤다.

그 학교에서는 여러 학년의 아이들이 함께 수학을 배웠는데, 뷔트너는 학년이 높은 아이들을 지도하기 위해 학년이 낮은 아이들에게 1부터 100까지의 자연수를 모두 더하라는 문제를 내 주었다.

계산을 마친 아이들은 노트를 교탁 위에 올려놓아야 했다. 그런데 일곱 살의 가우스는 문제를 내 준 지 몇 초 만에 노트를 교탁 위에 올려놓았다.

뷔트너는 가우스가 과제를 포기하고 아무렇게나 답을 썼다고 생각했다. 그래서 화가 난 표정으로 고학년 학생들을 가르쳤다.

이렇게 수업이 끝나고 뷔트너는 저학년 아이들의 노트를 들여다보았다.

1+2=3, 1+2+3=6, …….

숫자 하나하나 열심히 덧셈 한 아이들의 노트 속에 한 노트가 눈에 띄었다.

숫자로 빽빽한 다른 아이들의 노트와는 달리 정답 5,050만 적혀 있었다. 바로 가우스의 노트였다.

뷔트너는 가우스에게 어떻게 정답을 알았는지 물었다. 그러자 가우스는 이렇게 대답했다.

"1과 100, 2와 99, 3과 98처럼 두 수를 짝지으면 두 수의 합이 항상 101이 됩니다. 1부터 100까지의 자연수의 합의 두 배에는 이런 짝이 100개가 있으므로 답은 100과 101의 곱을 2로 나눈 5,050이 됩니다."

가우스의 천재성에 감명을 받은 뷔트너는 가우스가 중학교에 조기 진학할 수 있도록 힘써 주었다.

14세에 중등 교육을 모두 마친 가우스는 브라운 슈바이크 공작의 후원을 받아 과학 아카데미에서 공부를 한 후 18세에 괴팅겐 대학에 입학했다.

대학 시절, 가우스는 수많은 발명을 했다.

19살 때 언어학과 수학 사이에서 전공 결정을 망설이던 가우스는 고대 그리스부터 오랫동안 불가능한 것으로 여겨졌던 정십칠각형을 자와 컴퍼스만으로 작도하는 방법을 알아냈다. 그 후 그는 정이백오십칠각형, 정육만오천오백삼십칠각형도 똑같은 방법으로 그릴 수 있다는 사실을 밝혔다.

10살에 시작하는 오일러의 대수학 원론 ❶

ⓒ 정완상, 2025

초판 1쇄 인쇄일 2025년 4월 14일
초판 1쇄 발행일 2025년 4월 30일

지은이　　정완상
그린이　　김옥희
펴낸이　　정은영

책임편집　유지서 장새롬
크로스교정　정사라
편집　　　서효원 전욱진 이주연 윤가영
디자인　　책은우주다 강우정
마케팅　　최금순 이언영 연병선 송의정
제작　　　홍동근

펴낸곳　　(주)자음과모음
출판등록　2001년 11월 28일 제2001-000259호
주소　　　10881 경기도 파주시 회동길 325-20
전화　　　편집부 (02)324-2347, 경영지원부 (02)325-6047
팩스　　　편집부 (02)324-2348, 경영지원부 (02)2648-1311
이메일　　jamoteen@jamobook.com

ISBN　978-89-544-5258-8　74410
　　　　978-89-544-5257-1 (세트)

잘못된 책은 구매처에서 교환해 드립니다.
저자와의 협의하에 인지는 붙이지 않습니다.